Kleine Seligkeiten
Balance

GRÜNEWALD

Träumen Sie manchmal davon, mehr Zeit für sich selbst zu haben?
Wünschen Sie sich kleine Unterbrechungen, die Ihnen neue Kraft schenken?
Haben Sie Lust, öfter „Warum eigentlich nicht?" zu sagen, statt „Das geht doch nicht?"

Dann sind Sie reif für eine kleine Seligkeit!

Leckere und gesunde Rezepte, Ideen für kleine Fluchten aus dem Alltag, bezaubernde Fotos und inspirierende Gedanken laden Sie ein, sich um sich selbst zu kümmern. Und um das, was Ihnen wirklich wichtig ist – nicht erst irgendwann, wenn Sie endlich Zeit dafür haben, sondern jetzt, immer wieder und immer öfter.

Zu sich kommen, das Wesentliche wieder sehen, lächeln – was für eine große Seligkeit!

Wenn man den Bogen braucht, spannt man ihn. Hielte man ihn dauernd gespannt, so würde er zerbrechen. Nicht anders ist es mit dem Menschen. Ist er immer nur ernst und fleißig und lässt dem Schmerz und der Torheit keinen Raum, so wird er unvermerkt toll oder ganz schlaff und müde. Darum gebe ich diesem so gut Zeit wie jenem.

Herodot

Das sollen wir
regelmäßig und bewusst tun:
einatmen und ausatmen.
Im Atem können wir
den Fluss des Lebens in uns spüren.
Im Atem begegnen wir
dem göttlichen Urgrund
und der ewigen Schöpferkraft.
Wenn du das Göttliche erfahren willst,
dann spüre einfach den Wind
in deinem Gesicht
und die Sonne auf deiner Haut.

AUS EINER LEHRREDE BUDDHAS

Atemübung

Entspannung entsteht nicht nur durch Entspannung, gerade im Gegenteil, kurzzeitige Anspannung verhilft zu einer tiefen Entspannung. Diese Übung verbindet beides mit dem Ein- und Ausatmen.
Setzen oder legen Sie sich bequem hin. Atmen Sie langsam ein und spannen Sie so viele Muskeln wie möglich an. Dann halten Sie die Luft kurz an. Wenn Sie ausatmen lassen Sie alle Muskeln los und entspannen. Wiederholen Sie dies fünf Mal und bleiben Sie dann noch eine Weile an Ihrem bequemen Ort. Ihr Körper wird sich wohlig und entspannt anfühlen.
Zum Schluss strecken Sie sich kräftig – und sind voller neuer Energie!

Atmen

Ein- und ausatmend verbringen wir jede Minute unseres Daseins. Mehr noch: Der Atem ist das Lebenszeichen schlechthin. Kein Wunder, dass er in vielen Religionen als besondere Kraft gilt. Denn mit jedem Atemzug schaffen wir eine Verbindung zwischen innen und außen, zwischen uns und der Welt. Zwar atmen wir mit dem Körper, aber die Wirkung auf den Geist ist spürbar: Wer hektisch atmet, ist angespannt und nervös. Wenn wir erschrecken, stockt der Atem, „die Luft bleibt uns weg". Sind wir jedoch erleichtert, atmen wir auf. Ruhig atmend werden wir zufrieden und gelassen. Der Atem, so verschieden er sich zeigt, ist ein Spiegelbild dessen, was uns bewegt.

Vreni Merz

Bratbanane in Orangenjuice

In diesem Rezept stärkt die Süße der Früchte unser Element Erde und gibt uns ein sattes Gefühl der Fülle.

Pro Person: 1 Banane schälen | in Rapsöl anbraten, bis sie Farbe bekommt und weich wird. | 1 Orange auspressen und ihren Saft über die Banane geben. | Zimt und 1 EL Honig über die Banane geben, einige Minuten einkochen lassen.
Warm servieren!

Weg vom Zuviel

Das Umfeld, in dem wir wohnen, und die Dinge, mit denen wir uns umgeben, haben Einfluss auf unser Wohlbefinden. Es kann deshalb eine sehr ausgleichende Wirkung haben, wieder einmal Ihre Wohnung nach Überflüssigem zu durchforsten. Am besten, Sie nehmen sich erst einmal nur ein Zimmer oder ein Bücherregal vor, damit Sie sich nicht überfordern. Die Wirkung ist die gleiche. Nehmen Sie sich mindestens eine Stunde Zeit und sortieren Sie aufmerksam. Was brauche ich wirklich? Was ist zu viel? Bringen Sie die Dinge, die Sie nicht mehr brauchen, in einen Second-Hand-Laden oder verkaufen Sie sie selbst auf einem Flohmarkt. So finden Bücher, Kleidung und was es sonst alles noch so gibt, wieder eine sinnvolle Verwendung – uns Sie fühlen sich entlastet und freier.

Fünf-Elemente-Balance-Tee

Holz – Feuer – Erde – Metall – Wasser

Aus dem alten China ist die Lehre von den Fünf Elementen überliefert. Sie gibt heilsame Hinweise für das Ausbalancieren der Kräfte, die uns im Leben bewegen.
Schauen Sie für die Zubereitung dieses Tees in Ihren Gewürzschrank: Zimt findet sich bestimmt, und wenn kein Fenchel oder Anis vorrätig ist, geben Sie vielleicht Vanille oder Kardamom als Element der Süße hinzu.

Etwas geriebene (Bio-)Zitronenschale | 1 Prise Kreuzkümmel | 2 cm zerkleinerte Zimtstange oder 1 gute Prise geriebener Zimt | ½ TL Fenchelsamen | ½ TL Anissamen | ½ TL gehackte frische Ingwerwurzel

Alles mit ½ Liter kochendem Wasser übergießen, 15 Minuten zugedeckt ziehen lassen, dann abseihen. Nach Wunsch mit Agavensirup süßen.

Lob der Mäßigkeit

Im toskanischen Tarotgarten der Künstlerin Niki de Saint Phalle balanciert auf der Kuppel der Kapelle der Mäßigkeit eine dralle Engelin auf einem Bein, die goldenen Flügel glänzen in der Sonne ganz umsonst.
Ich streite mich täglich mit ihr, will doch kein „Mittelmaß" sein: Lieber über die eigenen Kräfte hinaus – die eigenen Grenzen im Überdehnen spüren heißt überhaupt etwas spüren!
Ich bin mir selbst die schärfste Konkurrenz, setze die eigene Messlatte grundsätzlich höher; Erfolg nährt mich nicht, den Lorbeeren verweigere ich den Zutritt und Selbstzufriedenheit verbiete ich mir streng. Die Engelin gibt aber auch nicht nach: Mäßigkeit heißt, nicht über das eigene Maß hinausgehen – also das eigene Maß kennen. Maßvoll werden heißt, sich eingießen, bis das Maß erreicht und voll ist. Und dann aufhören.

Petra Heilig

Eines Tages hatte ich eine Erleuchtung: Die Mäßigkeit ist der richtige Weg.

Niki de Saint Phalle

Die „italienische Faulheit" ist einfach eine kurzsichtige Lüge. Ich bin durch den Hafen gewandert; ich habe gesehen, wie diese Leute arbeiten. Das ist nur nicht die Arbeit des Nordländers, der ein geplagtes Gesicht dazu schneidet. Hier pfeift und singt man bei der Arbeit und lacht und schreit, und alle Glieder verrichten dabei schneller den Dienst, und dann wird dazwischen mal ein bisschen gefaulenzt, und mit einer Sultansmiene, dass es aussieht, als ob der Mann den ganzen Tag so in der Sonne läge.

Richard Dehmel

Nein!

Nein, ich will deine Nähe jetzt nicht
das werde ich nicht tun,
nicht jetzt und nicht später
ich lasse mich nicht überreden mit
wir-brauchen-dich-doch-
so-wie-du-kann-das-keine

Nein, auch wenn es mich selbst
an die Grenze bringt
auch wenn es gegen meine Sehnsucht ist

Nein, weil jedes Nein
meinen Lebensraum weitet
weil ich freier atme,
klarer sehe, besser verstehe,
wer ich bin, wer ich werde
was ich brauche und was nicht

Nein, weil ich an der Grenze zum Nein
ich selber werde
weil in der wachsenden Weite endlich
mein Ja leben kann

Susanne Ruschmann

Nützlich sein heißt nicht, unentbehrlich zu sein.

Marie von Ebner-Eschenbach

Wachsam sein

Ich will nicht zulassen, dass mich
Verpflichtungen behindern, Gebote
einengen, Aufgaben ersticken,
Forderungen erdrücken.

Ich will wachsam sein:
mir Zeit lassen,
mir Raum gönnen;

Sorge tragen zu dem,
was in mir angelegt ist;

behutsam pflegen,
was in mir wächst;

bereit und stark werden für das,
was auf mich zukommt;

mich ausrichten auf das,
was letztlich wichtig ist.

Ich will werden,
was ich sein kann.

MAX FEIGENWINTER

Man muss sich durchaus den Genuss einer reinen freien Luft als eine ebenso notwendige Nahrung unsres Wesens denken wie Essen und Trinken. Reine Luft ist ebenso gewiss das größte Erhaltungs- und Stärkungsmittel unseres Lebens, als eingeschlossene verdorbene Luft das feinste und tödlichste Gift ist. Hieraus fließen folgende praktische Lebensregeln: Man lasse keinen Tag hingehen, ohne außerhalb der Stadt freie reine Luft genossen zu haben. Man sehe das Spazierengehen ja nicht bloß als Bewegung an, sondern vorzüglich als den Genuss der reinsten Lebensnahrung, welcher besonders Menschen, die in Zimmern zu wohnen pflegen, ganz unentbehrlich ist.

Christoph Wilhelm Hufeland

Grün entspannt

Der Duft einer frisch gemähten Wiese wirkt positiv auf die Hirnareale, die die Ausschüttung von Stresshormonen steuern. Wenn es in Ihrer Umgebung Wiesen und Felder gibt, gehen Sie nach einem stressigen, anstrengenden Tag über frisch gemähte Wiesen und atmen Sie den Geruch des Grases ein. Auch Ihre Augen werden es Ihnen danken: Die Farbe Grün entspannt nachweislich die Sehnerven. Der Stress weicht der Entspannung, Sie fühlen sich wieder ausgeglichen und gut zentriert.

Mangold in Estragonsahne

Grün entspannt nicht nur beim Spazierengehen, sondern auch auf dem Teller.

Pro Person: 1 Mangold frisch vom Markt in 2 cm breite Streifen schneiden und waschen. | 2 Fingerbreit Wasser zum Kochen bringen, salzen. | Mangoldstücke dazugeben, Deckel schließen und bei großer Hitze brodelnd kochen, bis der Mangold nach einigen Minuten noch knackig, aber schon gar ist, dann das Wasser abschütten. | Würzen mit etwas Zitronensaft, einer Handvoll frischem, geschnittenem (oder 1 TL getrocknetem) Estragon, wenig Muskat, ½ Becher frischer Sahne, etwas buntem Pfeffer.

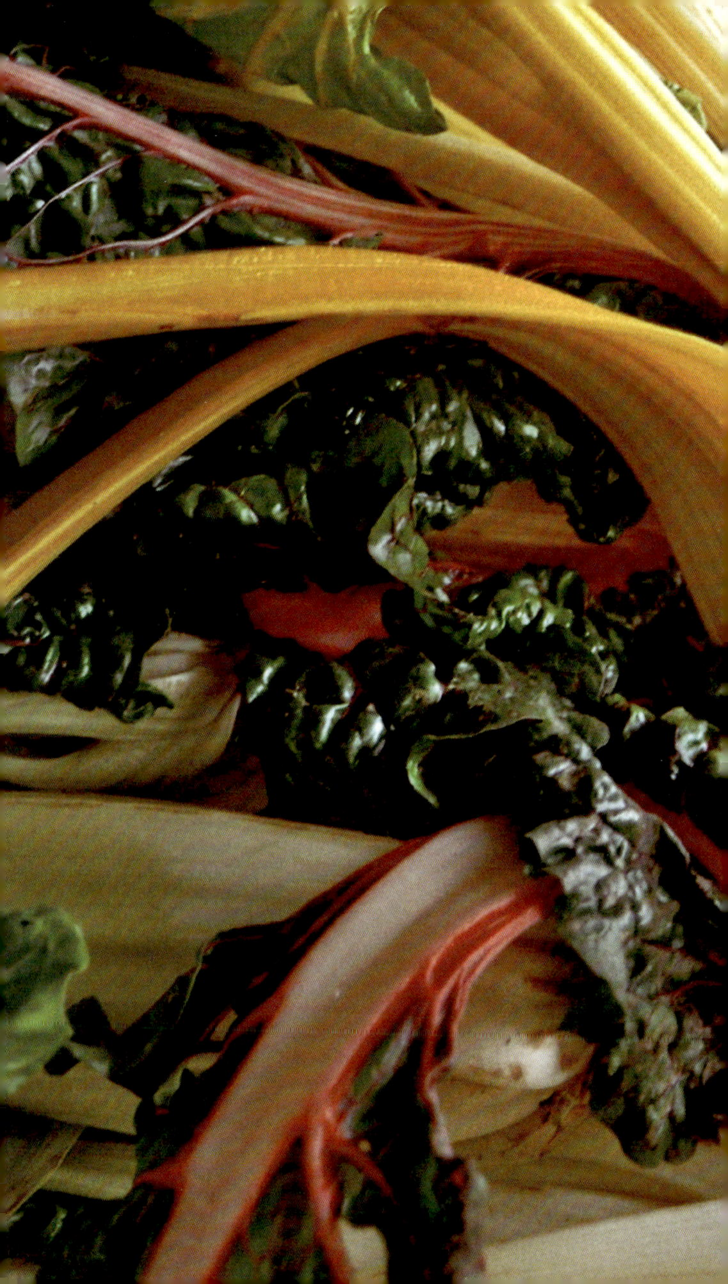

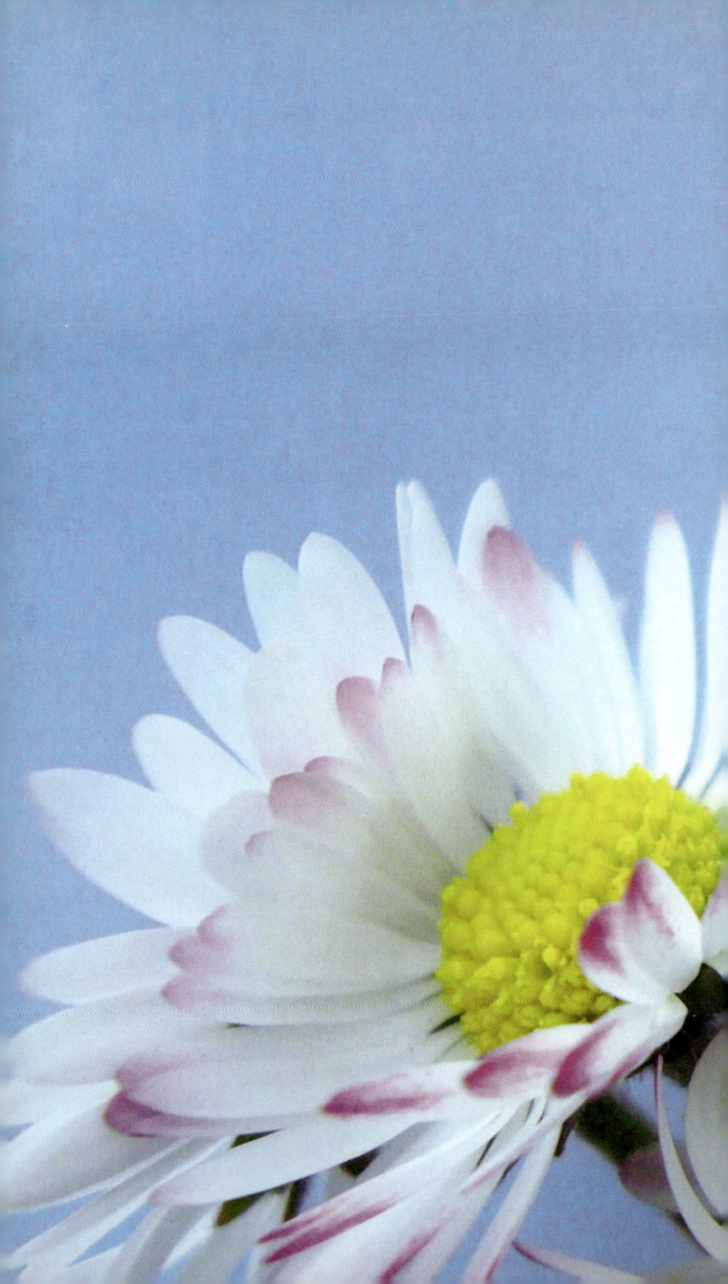

Ein wichtiger Punkt der Lebensweisheit besteht in dem richtigen Verhältnis, in welchem wir unsere Aufmerksamkeit teils der Gegenwart, teils der Zukunft widmen, damit nicht die eine uns die andere verderbe. Viele leben zu sehr in der Gegenwart: die Leichtsinnigen; andere zu sehr in der Zukunft: die Ängstlichen und Besorglichen. Selten wird einer genau das rechte Maß halten.

Arthur Schopenhauer

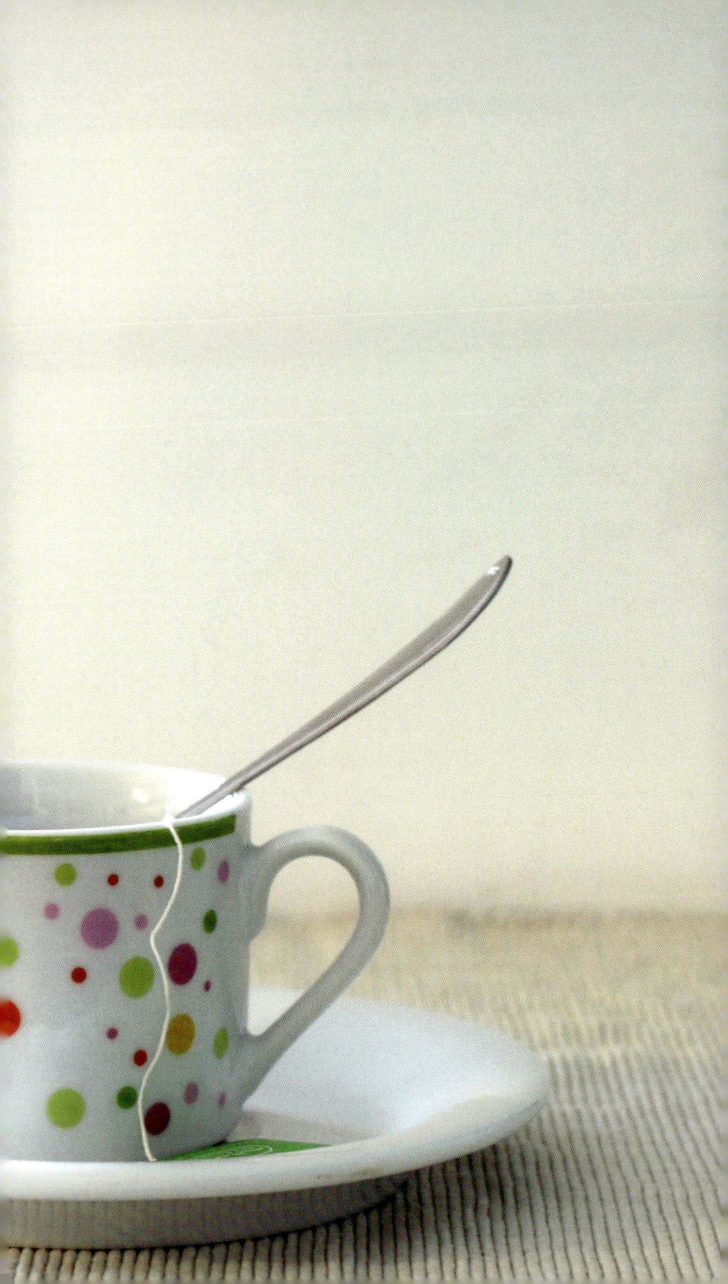

Den Tag verankern

In der Hektik und den Ansprüchen des Tages das Gleichgewicht nicht zu verlieren, fällt leichter, wenn der Tag ein gutes Fundament hat. Das kann ganz unterschiedlich aussehen. Meistens lassen wir uns ja von außen diktieren, wie der Tag beginnt. Die Abfahrtszeit des Zuges, der Arbeitsbeginn, die Schulzeit der Kinder bestimmen unseren Morgen.

Es ist spannend, sich einmal die Frage zu stellen, wie ein idealer Tagesbeginn aussehen würde. Ob ein gutes Frühstück, zehn Minuten an der frischen Luft, das Lesen eines Gedichts oder so lange schlafen wie möglich – experimentieren Sie ein bisschen, finden Sie heraus, was Ihrem Tag ein gutes Fundament gibt. Dabei kommt es nicht darauf an, ein stundenlanges Zusatzprogramm zu entwickeln. Viel wichtiger ist, dass es Ihr Tagesanfang ist, den Sie selbstbestimmt gestalten.

In der Stille des Morgens
mit jedem Atemzug

den Tag annehmen
dankbar,
wie ein Geschenk

Schale sein

den Tag bejahen,
mitgestalten,
Neues wagen,
auch Verrücktes

freudig

und versuchen,
die Verbindung zu behalten

mit der Stille des Morgens

Bruno Dörig

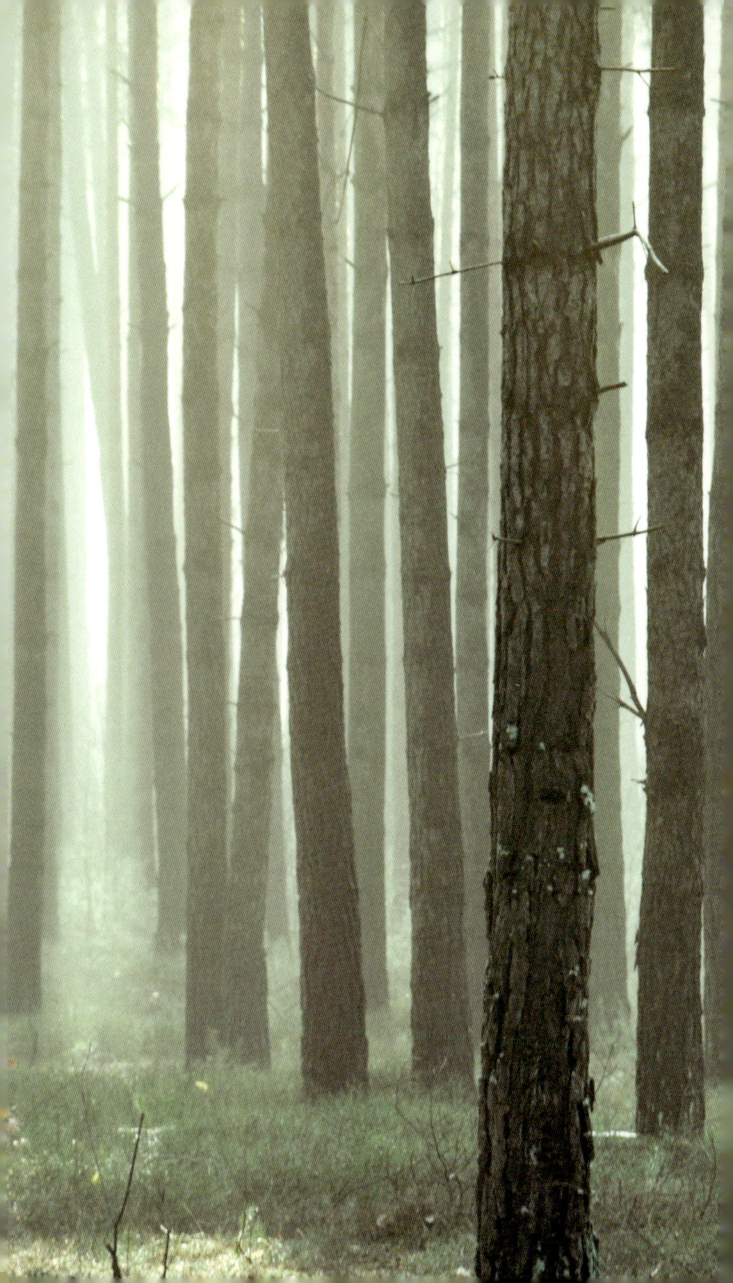

Als Mensch

Mit der Kraft des Löwen
und dem Ruf der Amsel,
mit der Behäbigkeit der Weinbergschnecke
und der Schönheit eines Schimmels,
mit der Wendigkeit des Regenwurms
und mit dem Schnurren einer Katze

kann ich auch diesen Tag
als ganzer Mensch bestehen.

Vreni Merz

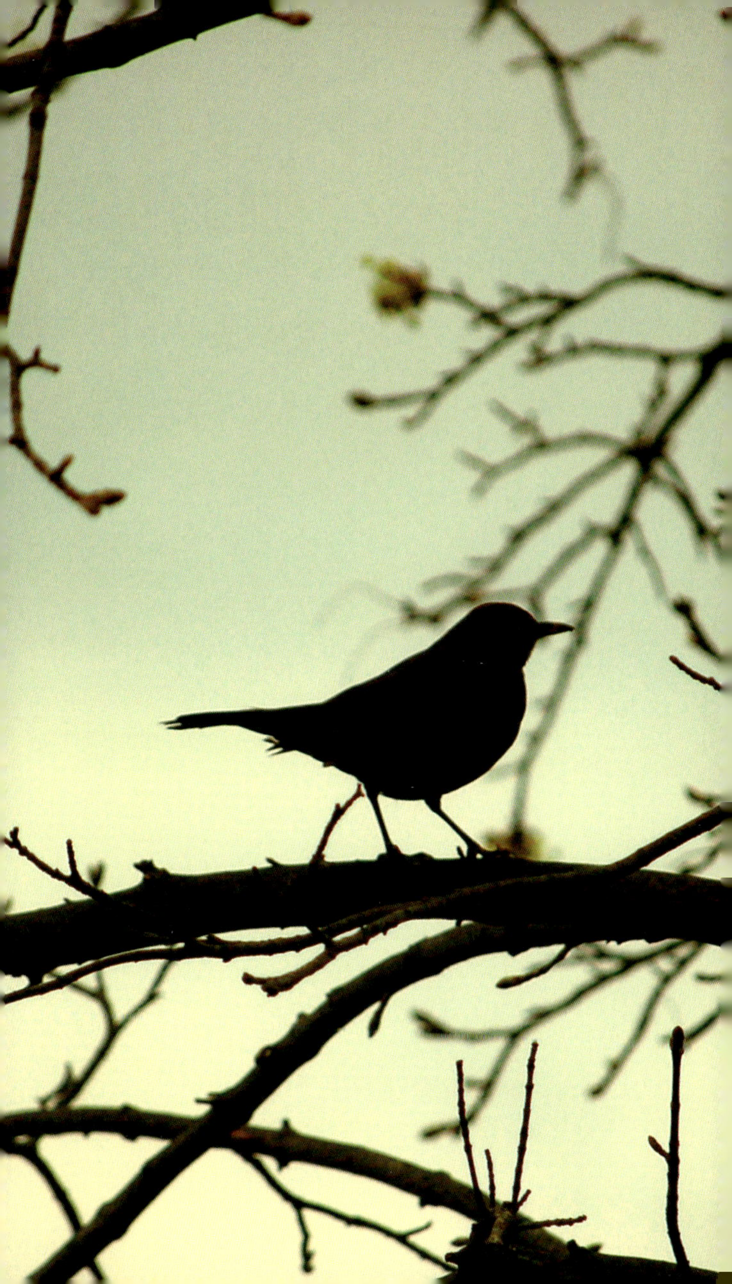

Wenn also alle Menschen
ein Recht auf dich haben,
dann sei auch du selbst ein Mensch,
der ein Recht auf sich hat.
Warum solltest einzig du selbst
nichts von dir haben?
Wie lange noch schenkst du allen anderen
deine Aufmerksamkeit, nur nicht dir selber?
Bist du nicht jedem fremd,
wenn du dir selber fremd bist?
Ja, wer mit sich selbst schlecht umgeht,
wie kann der gut sein?
Denke also daran:
Gönne dich dir selbst. Ich sage nicht:
Tu das immer. Ich sage nicht: Tu das oft.
Aber ich sage: Tu es immer wieder einmal.
Sei wie für alle anderen
auch für dich selbst da,
oder jedenfalls sei es nach allen anderen.

BERNHARD VON CLAIRVAUX

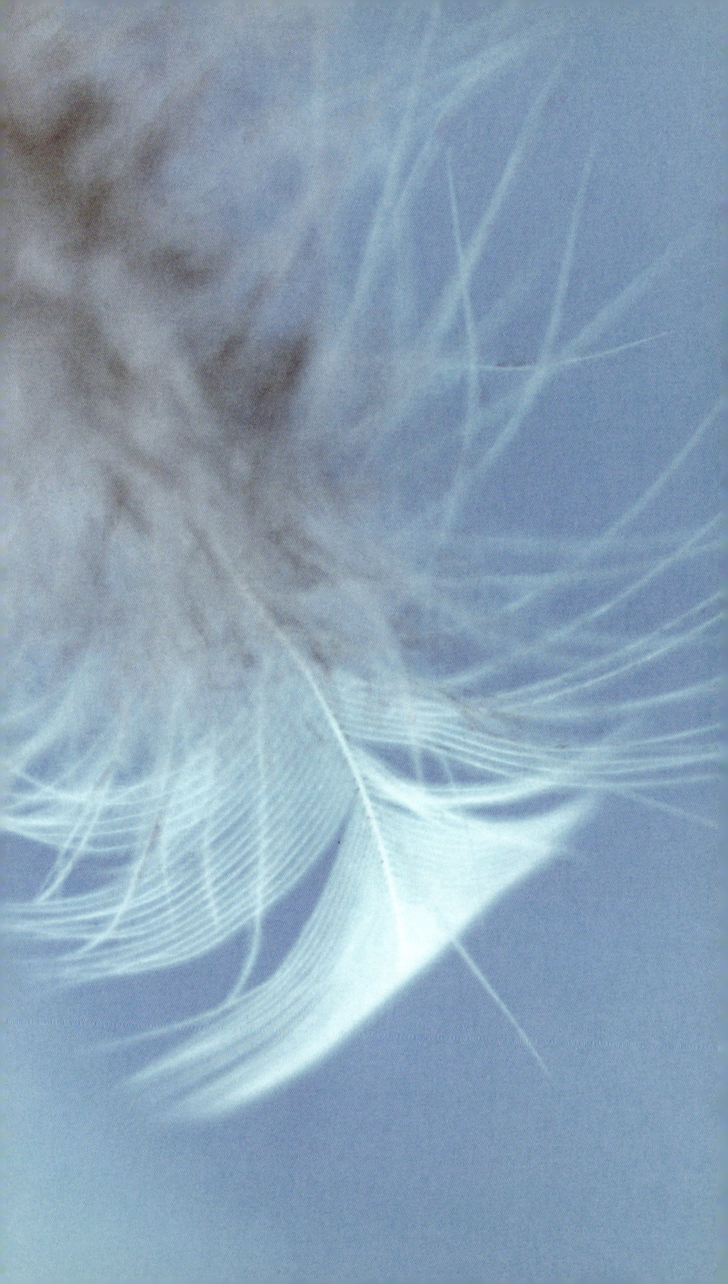

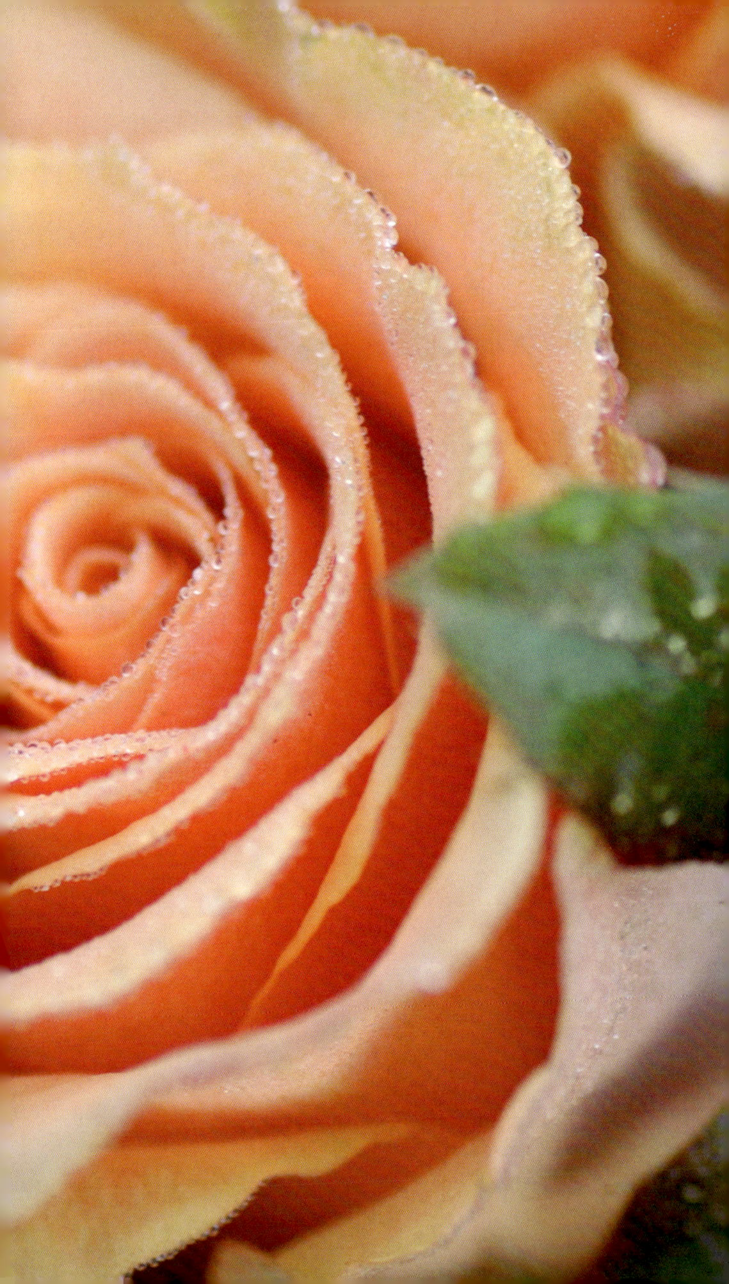

Ein Rosen-Tag

Rosenduft hat ausgleichende Kräfte, erfrischt und stärkt bei Erschöpfung.
Warum nicht einmal in Rosenduft baden, wenn Sie sich unausgeglichen fühlen? Wenn Sie es einrichten können, gönnen Sie sich einen Rosen-Tag ganz für sich allein! Umgeben Sie sich mit Rosenduft, machen Sie nur Dinge, die Ihnen guttun, und halten Sie die Welt auf Abstand.
Träufeln Sie gleich morgens nach dem Aufstehen Rosenöl in eine Duftlampe. Ein Morgenspaziergang führt Sie an einer Gärtnerei vorbei, wo Sie sich ein paar frische Rosen kaufen (am besten duftende!). Rosenknospen aus dem Bioladen ergeben einen wunderbaren Rosentee.
Beschließen Sie den Tag mit einem Bad in Rosenmilch. Dazu brauchen Sie vier bis fünf Esslöffel Sahne und vier Tropfen ätherisches Rosenöl. Verrühren Sie beides in einem Schälchen und geben Sie die Mischung in die mit warmem Wasser gefüllte Badewanne. Wenn Sie mögen, streuen Sie einige frische Rosenblütenblätter aufs Wasser.

Das Pendel muss zwischen Einsamkeit und Gemeinsamkeit, zwischen Einkehr und Rückkehr schwingen.

Anne Morrow Lindbergh

Standfest wie ein Baum

Egal, ob der Wind pustet oder der Sturm peitscht, ein Baum lässt sich so schnell nicht aus dem Gleichgewicht bringen. Er ist mit tiefen Wurzeln fest in der Erde verankert und flexibel genug, sich im Wind zu biegen. Haben Sie sich auch schon einmal gewünscht, so standfest zu sein wie ein Baum? Im Yoga gibt es eine Körperhaltung (Asana), die besonders gut geeignet ist, das körperliche und geistige Gleichgewicht zu stärken. Sie heißt Vrikshasana, die Baumhaltung. Regelmäßig geübt, hilft sie, Stabilität in sich selbst zu entwickeln. Im Internet oder in einem Yoga-Buch finden Sie problemlos eine detaillierte Beschreibung der Übung.
Oder suchen Sie beim nächsten Spaziergang einen Baum, der besonders viel Stabilität ausstrahlt, und prägen Sie sich sein Bild ein. Wenn es darum geht, in einer Situation das innere Gleichgewicht nicht zu verlieren, hilft es, sich diesen Baum in stürmischen Situationen vor das innere Auge zu holen, um etwas von seiner Standfestigkeit und Kraft zu spüren!

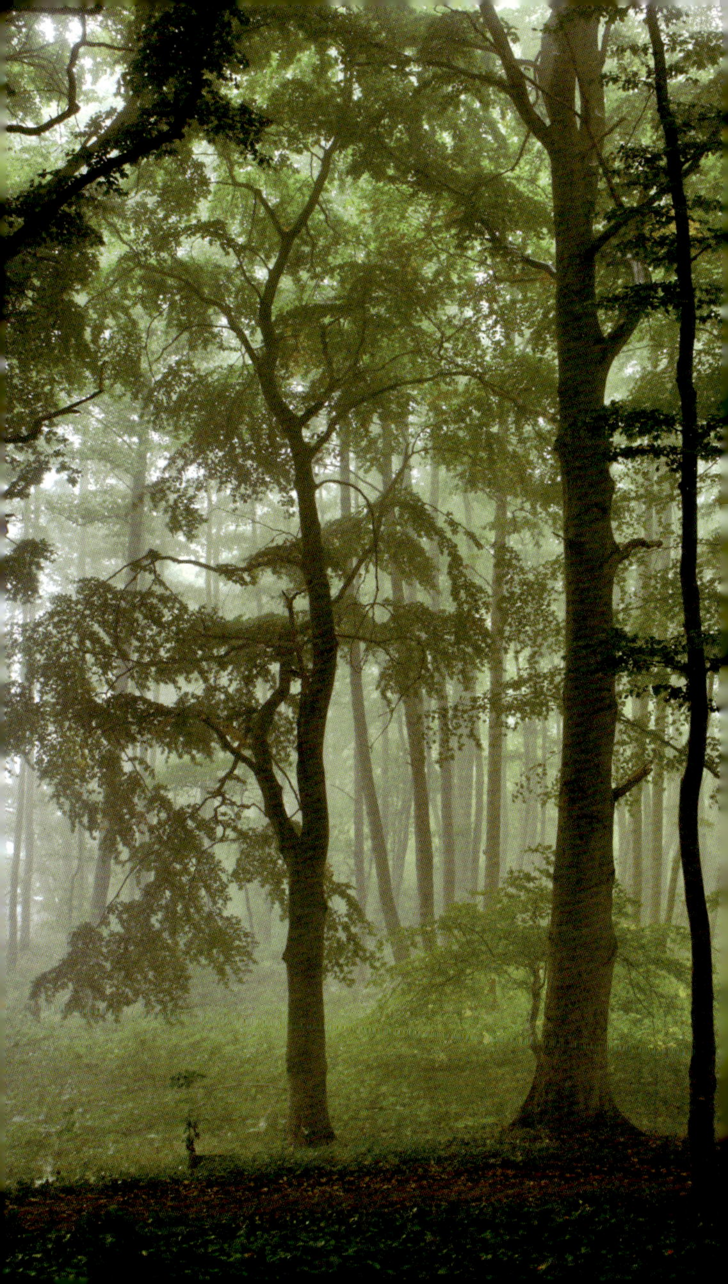

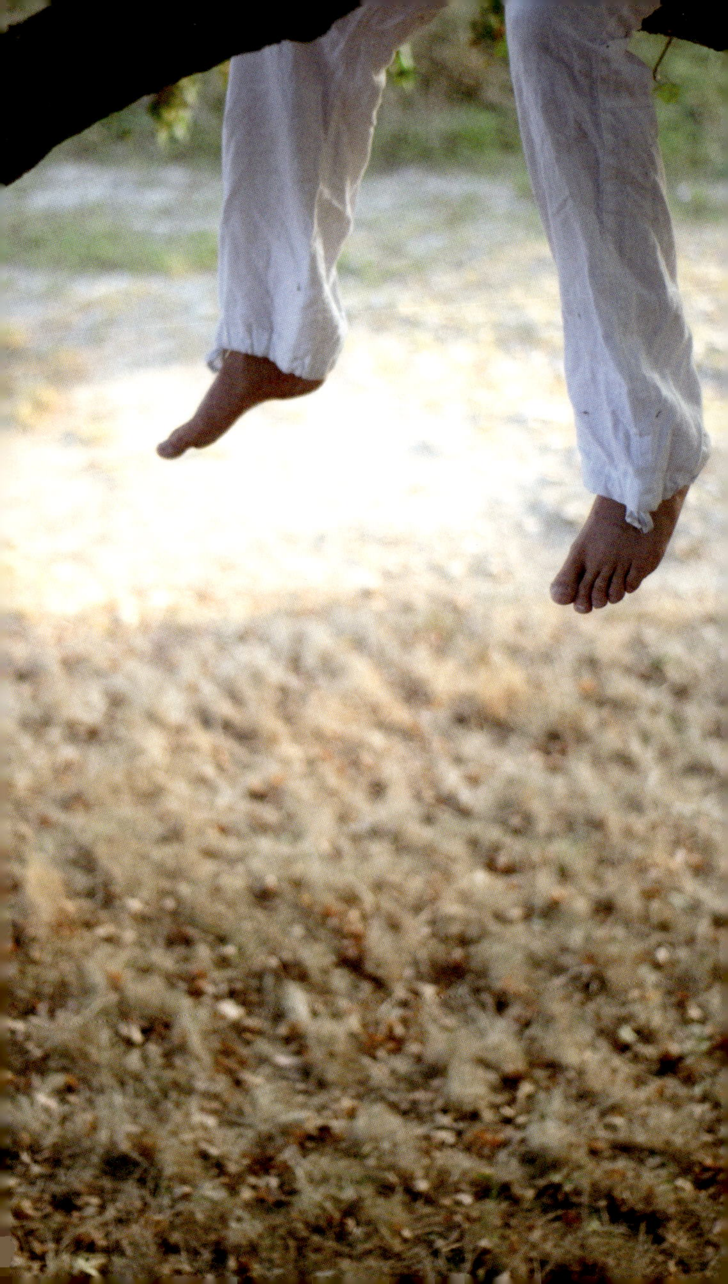

Bäume sind Heiligtümer. Wer mit ihnen zu sprechen, wer ihnen zuzuhören weiß, der erfährt die Wahrheit. Sie predigen nicht Lehren und Rezepte, sie predigen, um das einzelne unbekümmert, das Urgesetz des Lebens. (…)
Ein Baum spricht: Meine Kraft ist das Vertrauen. Ich weiß nichts von meinen Vätern, ich weiß nichts von den tausend Kindern, die in jedem Jahr aus mir entstehen. Ich lebe das Geheimnis meines Samens zu Ende, nichts andres ist meine Sorge. Ich vertraue, daß Gott in mir ist. Ich vertraue, daß meine Aufgabe heilig ist. Aus diesem Vertrauen lebe ich.

Hermann Hesse

Auf schmalem Pfad zu gehen, lehrt uns, das Gleichgewicht zu halten.

Elisabeth Maria Maure

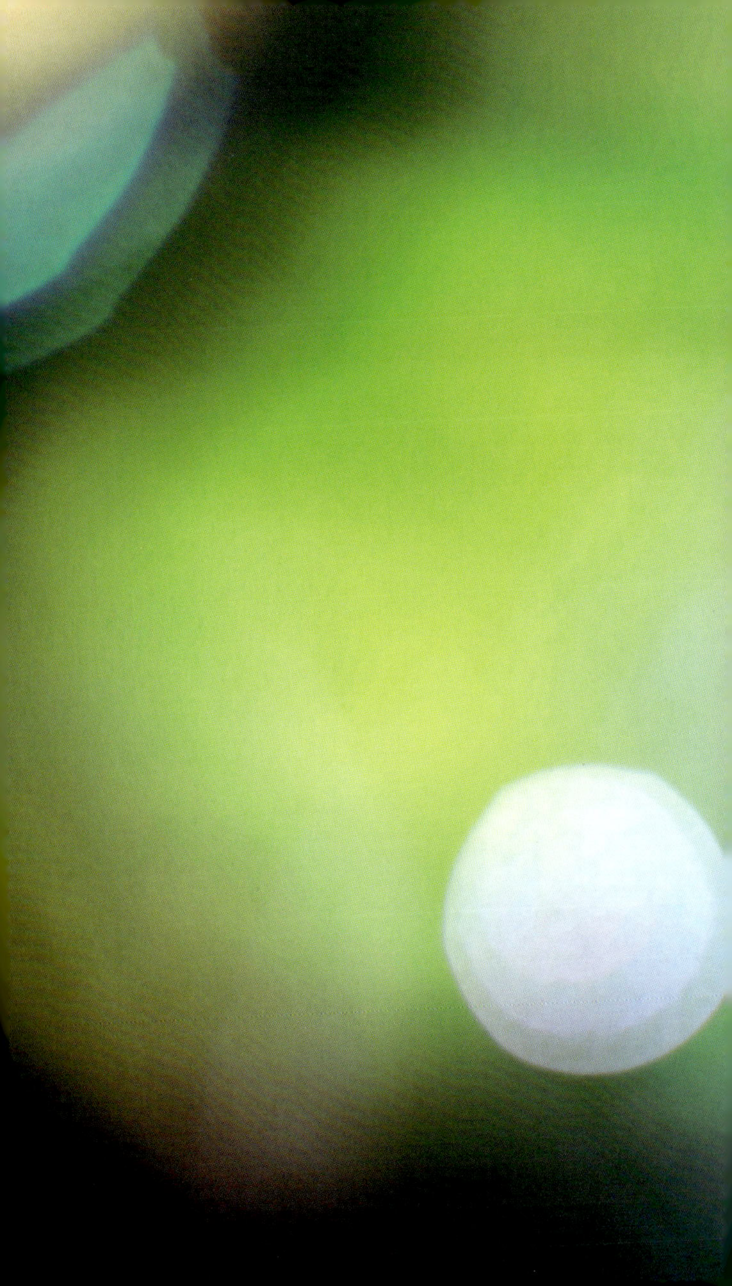

Heilsame Unterbrechung

Mein Leben – alles andere als ein Fest? Haushalt, Beruf, Kinder, Termin-Hetze. Die Zeit verrinnt immer schneller …
Ich unterbreche. Jetzt, sofort, auf der Stelle. Ich werde still inmitten des Trubels meines Alltags, inmitten von Telefonklingeln und Ansprüchen. Ich werde ruhig, versuche Kontakt zu mir aufzunehmen. Ich atme tief durch, sehe meinen Alltag intensiv an: die Schönheit der Sonnenstrahlen, der Dinge in meiner Wohnung, eine Pflanze, ein Bild. Ich spüre die Heiligkeit meines Alltags, die Durchsichtigkeit auf Gott hin, die Heiligkeit meiner Tätigkeiten: Müll sortieren, Essen kochen, mit Lebendigem gut umgehen.
Ein Blick auf den Terminkalender: Warum nicht ein Fest? Zu zweit wieder einmal essen gehen und auf die gelungenen Dinge anstoßen? Spontan ein paar Freundinnen einladen, die heller werdenden Tage feiern?

Bettina Eltrop

Roberto Juarroz

Vertikale Triptychen III (3)

Wir sollten immer
eine Tasche leer lassen.
Und sie so belassen,
ohne etwas hineinzutun.

Einen Ausschnitt des Nichts mit uns tragen
ist die einzige Art,
in den anderen Taschen
etwas tragen zu können.

(für Laura)
Aus dem argentinischen Spanisch von Juana und Tobias Burghardt

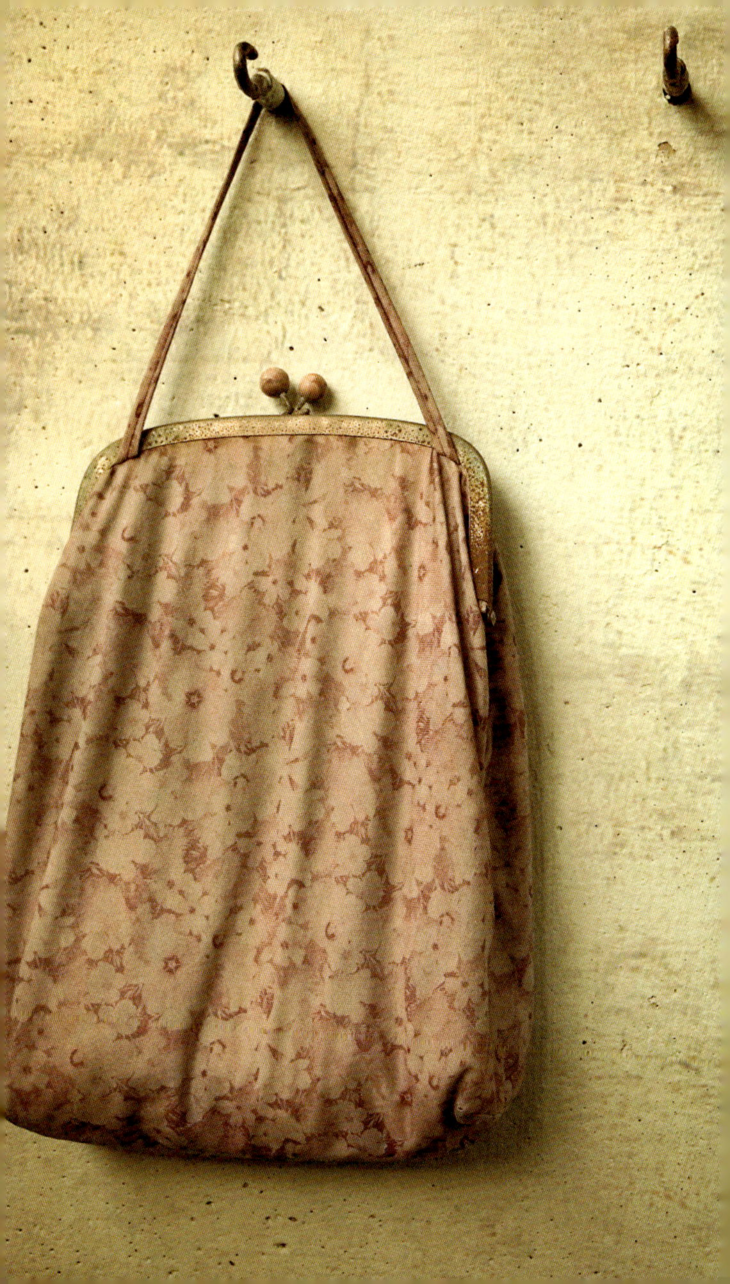

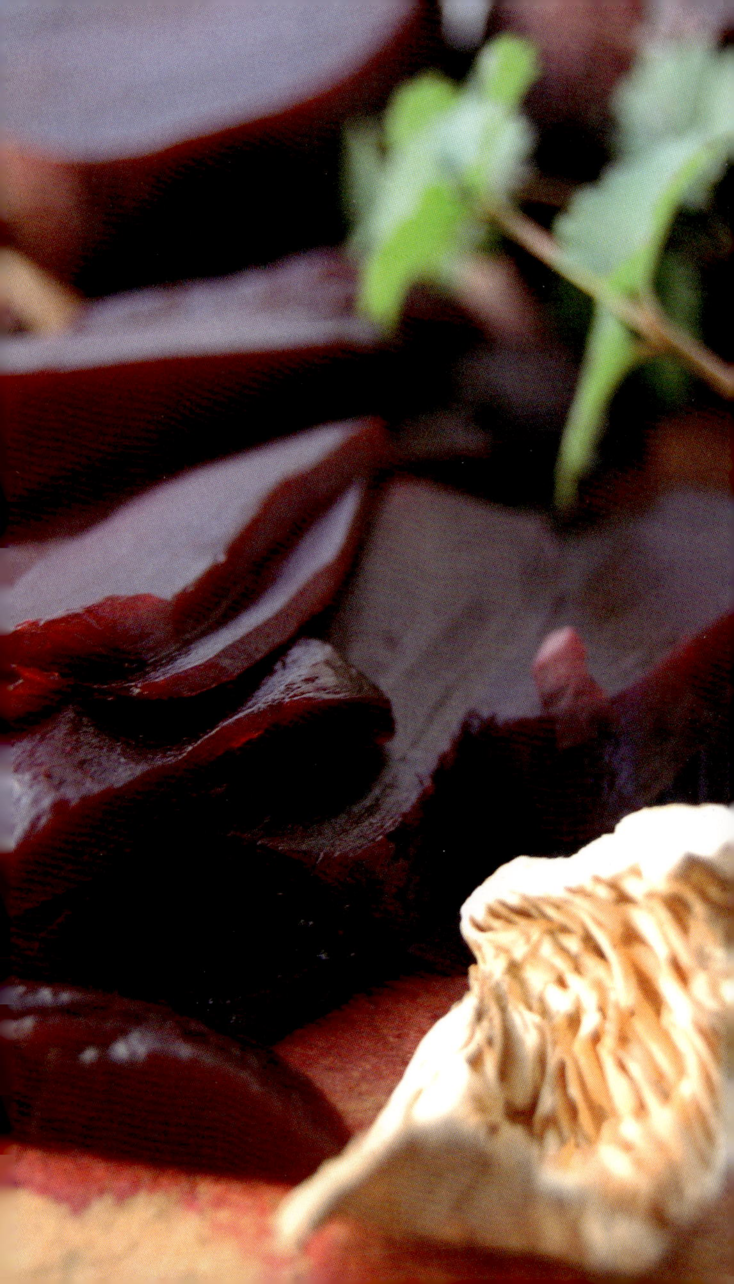

Drachenblutsuppe

Ihre Schärfe erhält diese Suppe durch Meerrettich. Er stärkt den Atem und macht unsere Grenzen bewusster. Das Rot der Beeten lässt unser Blut erblühen und facht das innere Feuer an. Shiitakepilze verjüngen uns, nehmen alte Gifte aus den Zellen. Jung, feurig werden wir zum Drachen!

Pro Person: 1 mittelgroße Rote Beete eine Stunde in der Schale weich kochen | 1 getrockneter Shiitakepilz (erhältlich im Naturkostfachhandel) 15 Minuten in Wasser einweichen. | Die gekochte Rote Beete enthäuten und in Stifte schneiden, den Shiitakepilz in Streifen schneiden, den Stiel entfernen, beides in 300 ml Wasser zum Kochen bringen. | Einige Minuten köcheln lassen, dann ausschalten. | 1 EL helles Miso (Shiro) (erhältlich im Naturkostfachhandel) einrühren | etwas Zitronensaft | etwas Vanillepulver | 1 TL geriebenen Meerrettich zugeben.

Essen, das glücklich macht

Die Rezepte auf den Seiten 12, 16, 34 und 61 stammen von Claudia Nietzel. Sie ist Sozialwissenschaftlerin und ausgebildet in der Fünf-Elemente-Ernährungslehre. Ihr Unternehmen „Kochlust" in Wittnau bei Freiburg bietet Kochkurse, Ernährungsberatungen und einen Catering-Service an. Für ihre Rezepte verwendet sie ausschließlich Bioprodukte und regionale Erzeugnisse.
Claudia Nietzel möchte zeigen, welche Kräfte im Essen stecken, wie Jahreszeiten mit ihren Aromen und Farben nähren und dabei Essen entsteht, das glücklich macht.

MEHR INFORMATIONEN UND TERMINE UNTER
WWW.KOCHLUST.INFO

TEXTNACHWEIS: Trotz gründlicher Recherche ist es uns nicht gelungen, alle Rechteinhaber ausfindig zu machen. Honoraransprüche bleiben bestehen.

S. 11 aus: A. Langenbacher (Hg.), Schenk dir was! Fastenzeitkalender, Matthias-Grünewald-Verlag der Schwabenverlag AG, Ostfildern 2009 | **S. 17** aus: Gehen, wohin dein Frageblick träumt, Frauenkalender 2008, Schwabenverlag, Ostfildern 2007 | **S. 24** aus. Mächtig lebendig, Frauenkalender 2009, Schwabenverlag, Ostfildern 2008 | **S. 29** Max Feigenwinter,

Wachsam sein, © Verlag am Eschbach der Schwabenverlag AG, Eschbach/Markgräflerland | **S. 40** © Bruno Dörig | **S. 42** aus: Vreni Merz, Morgenminuten, Matthias-Grünewald-Verlag der Schwabenverlag AG, Ostfildern 2008 | **S. 53** Textauszug aus „Bäume", in: Hermann Hesse, Sämtliche Werke, Band 11: Autobiographische Schriften 1. © Suhrkamp Verlag Frankfurt am Main 2003 | **S. 57** aus: Wir leben vom Glanz, Frauenkalender 2007, Schwabenverlag, Ostfildern 2006 | **S. 58** Roberto Juarroz 1925 in Coronel Dorrego (Argentinien) geboren, 1995 in Buenos Aires (Argentinien) gestorben. | Vertikale Triptychen III (3), Aus dem argentinischen Spanisch von Juana und Tobias Burghardt. In: Roberto Juarroz, Dreizehnte Vertikale Poesie – Decimotercera Poesía Vertical. Gedichte – Poemas, Residenz Verlag, Salzburg/Wien 1997 | © Laura Cerrato, Buenos Aires, und Tobias Burghardt, Stuttgart. | **S. 8, 15, 32, 39, 47, 50** Andrea Langenbacher

BILDNACHWEIS: **S. 4** Claudia Arndt, Photocase | **S. 6** Henrik Thomas, Daaden | **S. 9** *princessa* | **S. 10** photocase.com © misterQM | **S. 13** Claudia Nietzel | **S. 14** kinga jarecki / secretgarden by photocase.com | **S. 17** judigrafie / Anke Judith Bauer photocase.com | **S. 18** ohneski/photocase.com | **S. 22** jana-milena / photocase.com | **S. 23** Claudia Nietzel | **S. 25** © lama-photography/photocase.com | **S. 28** mistay/photocase.com | **S. 31** Rowan Schelten | **S. 33** Jördis Winkler | **S. 35** Claudia Nietzel | **S. 36** www.photocase.com©bit.it | **S. 38** Claudiu Badea | **S. 41** maspi/photocase.de | **S. 43** photocase.com | Mella/Melanie Demitz | **S. 45** photocase.com © suze | **S. 46** © Jochen Keil | **S. 51** Ronny Reimer / photocase.com | **S. 52** Photographie-Sebastian Sach | **S. 56** Elisabeth Werner (Lia*|photocase.com) | **S. 59** © Jan Gropp - BlickReflex.de | **S. 60** Claudia Nietzel

Die Inhalte dieses Buches wurden mit größter Sorgfalt erstellt. Die Umsetzung der darin enthaltenen Informationen erfolgt jedoch ausdrücklich in eigener Verantwortung. Haftungsansprüche gegenüber Verlag und Herausgeberin sind grundsätzlich ausgeschlossen.

Mix
Produktgruppe aus vorbildlich
bewirtschafteten Wäldern, kontrollierten
Herkünften und Recyclingholz oder -fasern
Product group from well-managed
forests, controlled sources and
recycled wood or fibre
www.fsc.org Zert.-Nr. SGS-COC-004238
© 1996 Forest Stewardship Council

Für die Schwabenverlag AG ist Nachhaltigkeit ein wichtiger Maßstab ihres Handelns. Wir achten daher auf den Einsatz umweltschonender Ressourcen und Materialien.
Dieses Buch wurde auf FSC-zertifiziertem Papier gedruckt. FSC (Forest Stewardship Council) ist eine nicht staatliche, gemeinnützige Organisation, die sich für eine ökologische und sozial verantwortliche Nutzung der Wälder unserer Erde einsetzt.

verlags gruppe engagement

Der Matthias-Grünewald-Verlag ist Mitglied der Verlagsgruppe engagement

Alle Rechte vorbehalten
© 2010 Matthias-Grünewald-Verlag der Schwabenverlag AG, Ostfildern
www.gruenewaldverlag.de

Idee und Redaktion: Andrea Langenbacher
Gestaltung: Finken & Bumiller, Stuttgart/Saskia Bannasch
Umschlagabbildung: mistay96/photocase.com
Gesamtherstellung: Matthias-Grünewald-Verlag, Ostfildern
Hergestellt in Deutschland

ISBN 978-3-7867-2847-4